보랏빛소 워크북 시리즈

초등 입학 전 미리 공부하는

또똑 쏙쏙 한글 떼기

자음과 모음

1

3~4세

보랏빛소콘텐츠팀 글 | 이우일 그림 | 장희윤 감수

보랏빛소 어린이
Borabit Cow

"또박또박 따라 쓰며 한글을 떼요!"

어린이 여러분! 반가워요. 이 책은 또박또박 따라 쓰면서 저절로 한글과 친해지고 공부할 수 있도록 도와주는 여러분의 친구랍니다. 지금부터 이 친구의 특징을 소개할게요.

익숙한 단어와 그림으로 한글과 친해지기!

"딸기", "기차", "사과", "토끼" 등등 그동안 입으로만 수없이 내뱉었던 말들은 어떤 글자로 이루어져 있을까요? 알록달록 예쁜 그림과 함께 일상에서 쉽게 접하는 친숙한 단어를 만나 보세요.

또박또박 쓰고 색칠하기!

책에 나와 있는 순서대로 선을 그어 보면 글자가 완성돼요! 또박또박 따라 쓰면서 공부한 뒤에는 숨은 그림 찾기, 색칠하기 등 다양한 워크북 활동으로 배운 것을 한 번 더 익힐 수 있어요.

쉬운 자음부터 어려운 모음까지!

기역, 니은, 디귿을 먼저 써 봐요. 그런 다음엔 기역이 두 개 붙어 있는 쌍기역, 디귿이 두 개 붙어 있는 쌍디귿도 써 보는 거예요. 쉬운 것부터 복잡한 것까지 차근차근 단계별로 배우면 금세 잘 쓸 수 있어요.

✏️ 다섯 권에 걸쳐 단계별로 한글 떼기!

이 시리즈는 총 다섯 권으로 이루어져 있어요. 한글을 처음 접하는 3~4세 친구들을 위한 자음과 모음부터, 초등 입학을 준비하는 5~7세 친구들이 꼭 알아야 할 단어와 문장을 20단계에 걸쳐 나누어 담았답니다. 쉬운 부분부터 어려운 부분에 이르기까지 난이도를 높여가며 공부하면 금세 한글을 뗄 수 있어요.

자, 그럼 지금부터 한글 뗄 준비 되었나요?《초등 입학 전 미리 공부하는 또박또박 한글 떼기》(전5권)와 함께 신나는 한글의 세계로 떠나 보세요!

✏️ 이 책은 이렇게 구성되어 있어요!

따라 쓰기

원리 깨치기

자음과 모음을 순서에 맞게 또박또박 따라 씁니다. 해당 낱자가 포함된 단어가 귀여운 그림과 함께 삽입되어 아이들이 친숙함을 느끼며 익힐 수 있습니다.

두 개의 낱자가 합쳐져 만들어지는 쌍자음이나 복잡한 모음의 원리를 이해하기 쉽게 직관적으로 표현했습니다.

✏️ 재미있고 신나게 한글을 공부해요!

문제로 확인하기

그림으로 익히기

빈칸 채우기, 선 긋기 등 쉬운 난이도의 문제를 재미있게 풀어보며 앞에서 배운 것을 잘 이해했는지, 또 다른 단어에서는 어떻게 활용하는지 확인할 수 있습니다.

아이들이 좋아하는 아기자기한 그림 워크북을 통해 한 번 더 복습합니다. 한글과 친해지고 익숙해지며 차근차근 한글을 뗍니다.

차례

머리말 • 2

이 책의 구성 • 4

바르게 앉아 글씨 쓰는 법 • 8

연필을 바르게 잡는 법 • 9

글씨를 바르게 써야 하는 이유 • 10

글을 읽을 때 바른 자세 • 11

2장 쌍자음(겹자음) 익히기

자음 바르게 쓰기 - ㄲ • 34

자음 바르게 쓰기 - ㄸ • 35

자음 바르게 쓰기 - ㅃ • 36

자음 바르게 쓰기 - ㅆ • 37

자음 바르게 쓰기 - ㅉ • 38

원리 깨치기 - 쌍자음 • 39

문제로 확인하기 - 빈칸 채우기 • 40

그림으로 익히기 - 식사 시간 • 41

1장 기본 자음 익히기

자음 바르게 쓰기 - ㄱ • 14

자음 바르게 쓰기 - ㄴ • 15

자음 바르게 쓰기 - ㄷ • 16

자음 바르게 쓰기 - ㄹ • 17

자음 바르게 쓰기 - ㅁ • 18

자음 바르게 쓰기 - ㅂ • 19

자음 바르게 쓰기 - ㅅ • 20

자음 바르게 쓰기 - ㅇ • 21

문제로 확인하기 - 자음 색칠하기 • 22

그림으로 익히기 - 과일 가게 • 23

자음 바르게 쓰기 - ㅈ • 24

자음 바르게 쓰기 - ㅊ • 25

자음 바르게 쓰기 - ㅋ • 26

자음 바르게 쓰기 - ㅌ • 27

자음 바르게 쓰기 - ㅍ • 28

자음 바르게 쓰기 - ㅎ • 29

문제로 확인하기 - 자음 색칠하기 • 30

그림으로 익히기 - 눈 오는 날 • 31

3장 기본 모음 익히기

모음 바르게 쓰기 - ㅏ • 44

모음 바르게 쓰기 - ㅑ • 45

모음 바르게 쓰기 - ㅓ • 46

모음 바르게 쓰기 - ㅕ • 47

문제로 확인하기 - 빈칸 채우기 • 48

그림으로 익히기 - 바다 친구들 • 49

모음 바르게 쓰기 - ㅗ • 50

모음 바르게 쓰기 - ㅛ • 51

모음 바르게 쓰기 - ㅜ • 52

모음 바르게 쓰기 - ㅠ • 53

모음 바르게 쓰기 - ㅡ • 54

모음 바르게 쓰기 - ㅣ • 55

문제로 확인하기 - 선 긋기 • 56

그림으로 익히기 - 무엇을 탈까? • 57

4장 복잡한 모음 익히기

모음 바르게 쓰기 - ㅐ • 60

모음 바르게 쓰기 - ㅒ • 61

모음 바르게 쓰기 - ㅔ • 62

모음 바르게 쓰기 - ㅖ • 63

문제로 확인하기 - 선 긋기 • 64

그림으로 익히기 - 땅속 친구들 • 65

모음 바르게 쓰기 - ㅘ • 66

모음 바르게 쓰기 - ㅙ • 67

모음 바르게 쓰기 - ㅚ • 68

원리 깨치기 - 모음 ㅗ의 변화 • 69

모음 바르게 쓰기 - ㅝ • 70

모음 바르게 쓰기 - ㅞ • 71

모음 바르게 쓰기 - ㅟ • 72

모음 바르게 쓰기 - ㅢ • 73

원리 깨치기 - 모음 ㅜ의 변화 • 74

그림으로 익히기 - 내 방에서 놀자 • 75

5장 한글 연습장

자음 연습하기 • 78

모음 연습하기 • 80

자음과 모음 연습하기 • 82

문제로 확인하기 - 빈칸 채우기 • 84

그림으로 익히기 - 토끼 놀이터 • 85

문제로 확인하기 - 빈칸 채우기 • 86

그림으로 익히기 - 해바라기 동산 • 87

✏️ 다음 그림과 같이 바르게 앉아 글씨를 씁시다.

고개를 조금만
숙입니다.

글씨를 쓰지 않는
손으로 공책을
살짝 눌러 줍니다. ★

허리를
곧게 폅니다.

두 발은 바닥에
나란히 닿도록
합니다.

엉덩이를
의자 뒤쪽에
붙입니다.

연필을 바르게 잡는 법

✏️ 다음 그림과 같이 연필을 바르게 잡아 봅시다.

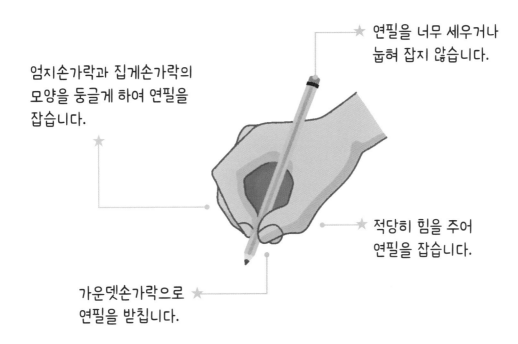

연필을 너무 세우거나 눕혀 잡지 않습니다.

엄지손가락과 집게손가락의 모양을 둥글게 하여 연필을 잡습니다.

적당히 힘을 주어 연필을 잡습니다.

가운뎃손가락으로 연필을 받칩니다.

✏️ 다음 그림을 보고 잘못된 점을 찾아봅시다.

연필을 너무 멀리 잡았습니다.

연필을 너무 가까이 잡았습니다.

연필을 너무 세워서 잡았습니다.

가운뎃손가락으로 연필을 받치지 않았습니다.

연필을 바르게 잡는 법

✏️ 어릴 때부터 글씨를 바르게 써야 합니다.

글씨는 그 사람의 얼굴이라는 말이 있습니다. 글씨에 그 사람의 마음이나 성격, 태도가 반영되기 때문입니다. 친구가 여러분에게 편지를 보냈다고 생각해 보세요. 글씨가 엉망인 친구보다 예쁘게 써서 보낸 친구에게 더 좋은 인상을 갖게 되겠지요. 그래서 옛 사람들은 사람을 볼 때 그 사람의 글씨까지도 매우 중요하게 생각했다고 합니다.

사람의 글씨체는 쉽게 바뀌지 않습니다. 그래서 어릴 때부터 글씨를 바르고 예쁘게 쓰는 습관을 기르는 것이 중요합니다. 글씨 쓰는 법을 처음 배울 때 잘 배워 두면 어른이 되어서도 좋은 인상을 주는 글씨체를 유지할 수 있습니다. 또박또박 따라 쓰며 한글을 떼는 이 책은 여러분이 예쁜 글씨를 쓰는 데도 큰 도움이 될 거예요.

✏️ 글을 읽을 때는 그림과 같이 바른 자세로 앉아야 합니다.

책과 눈의 거리를 ★
알맞게 합니다.

허리를 ★
곧게 폅니다.

★ 의자를 당겨서 앉습니다.

글을 읽을 때 바른 자세

1장
기본 자음 익히기

1장에서는 한글의 기본 자음인
ㄱ, ㄴ, ㄷ, ㄹ, ㅁ, ㅂ, ㅅ, ㅇ,
ㅈ, ㅊ, ㅋ, ㅌ, ㅍ, ㅎ을 만나게 됩니다.
천천히 또박또박 따라 쓰며
공부해 보세요!

자음 '기역'을 따라 써 보세요.

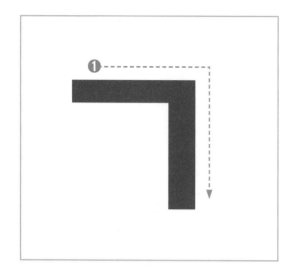

기차

 자음 '니은'을 따라 써 보세요.

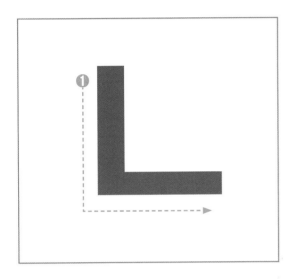

나무

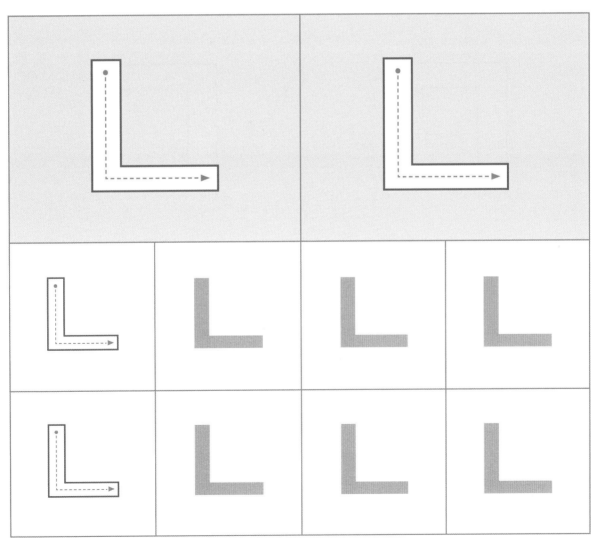

 자음 '디귿'을 따라 써 보세요.

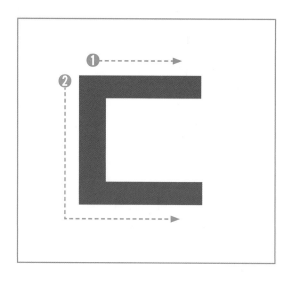

두부

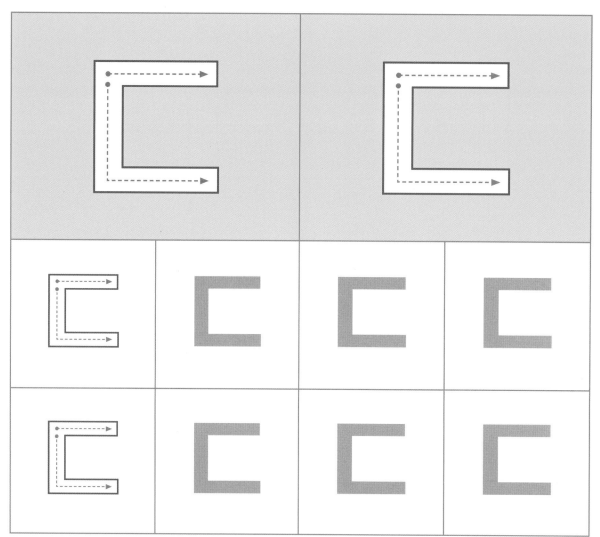

자음 바르게 쓰기

2일차

 자음 '리을'을 따라 써 보세요.

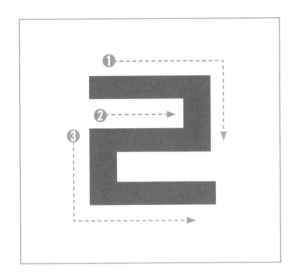

사랑

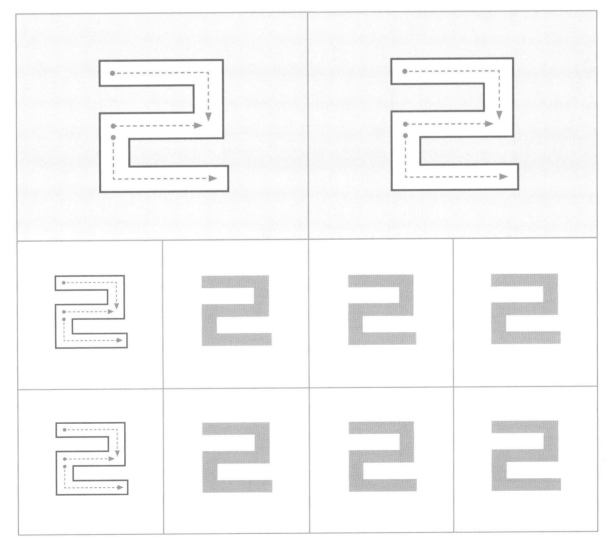

17

 자음 '미음'을 따라 써 보세요.

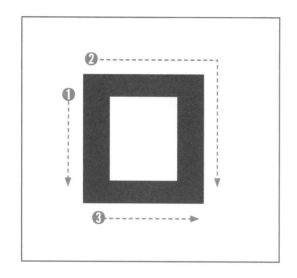

무지개

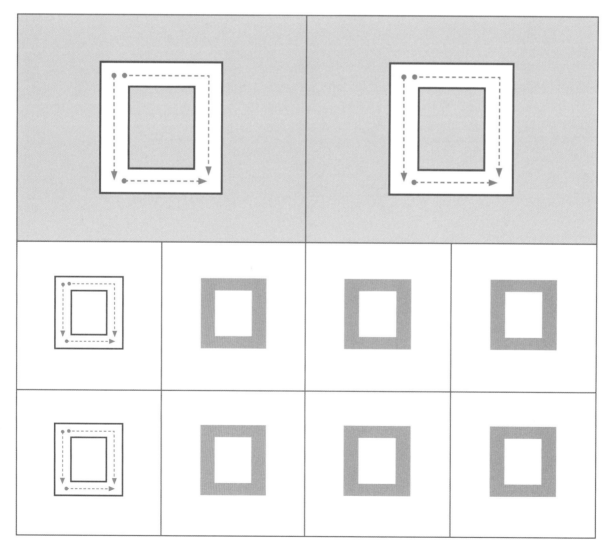

자음 바르게 쓰기

 자음 '비읍'을 따라 써 보세요.

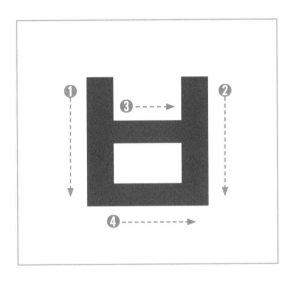

버스

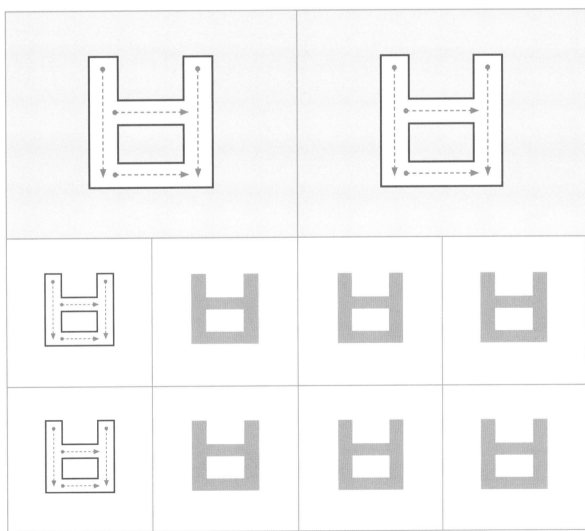

 자음 '시옷'을 따라 써 보세요.

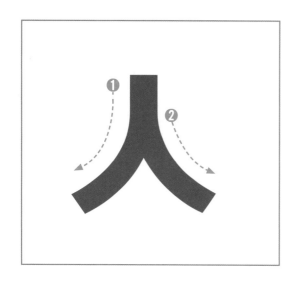

사자

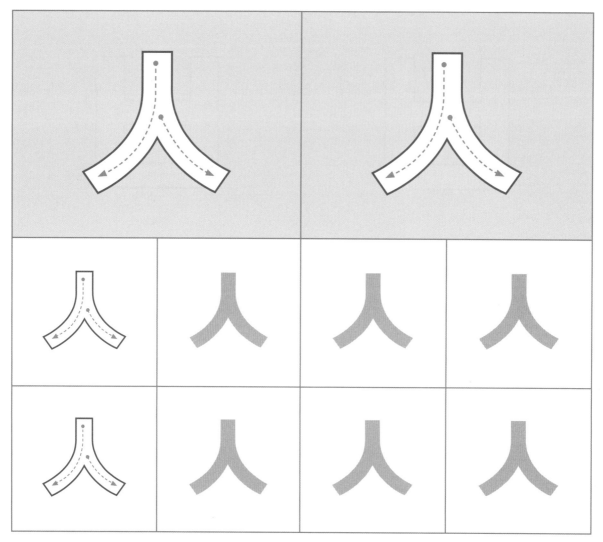

 자음 '이응'을 따라 써 보세요.

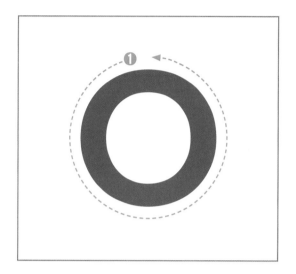

아기

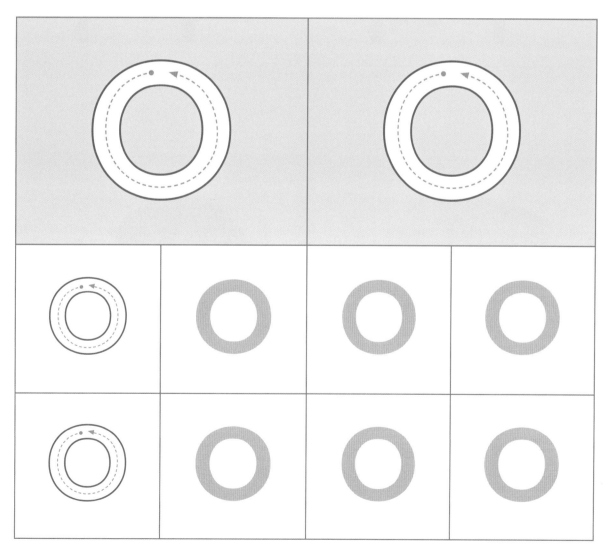

 다음 글자에서 비어 있는 자음을 색칠해 보세요.

기차

나무

버스

사자

 기역(ㄱ)이 들어간 과일에 ◯, 시옷(ㅅ)이 들어간 과일에 △를 그려 보세요.

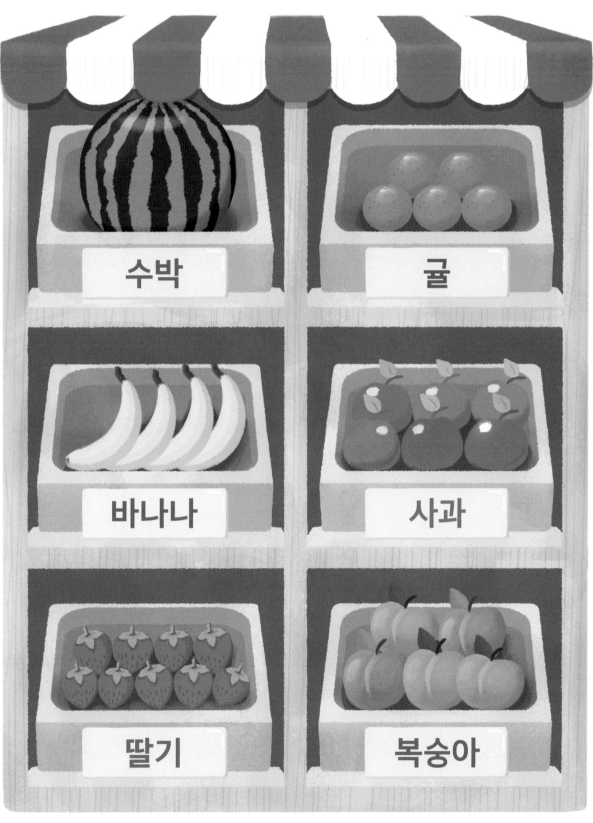

수박

귤

바나나

사과

딸기

복숭아

정답: ㄱ - 귤, 사과, 딸기, 수박, 복숭아 / ㅅ - 수박, 사과, 복숭아

 자음 '지읒'을 따라 써 보세요.

지구

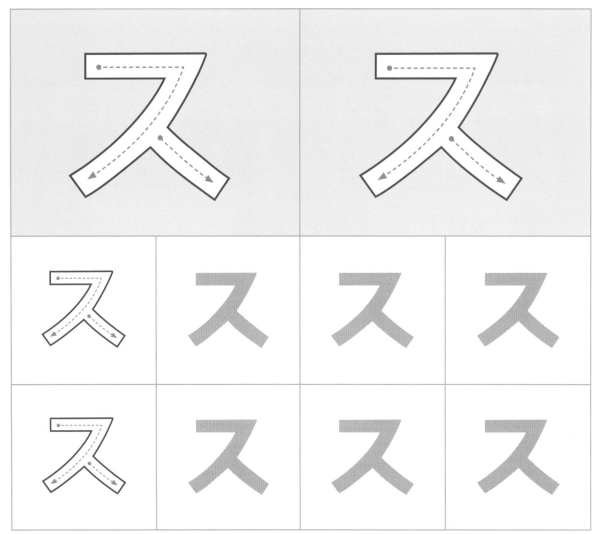

 자음 '치읓'을 따라 써 보세요.

축하

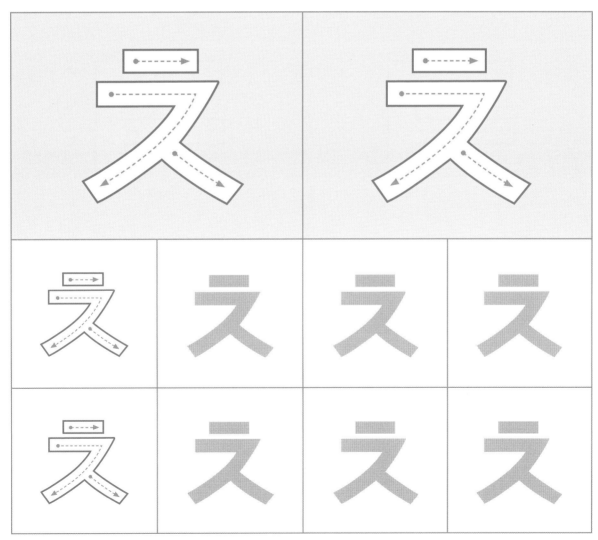

 자음 '키읔'을 따라 써 보세요.

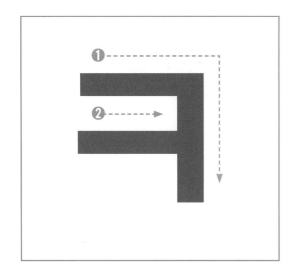

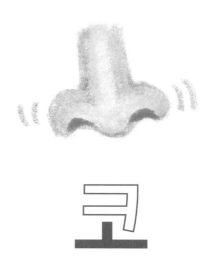

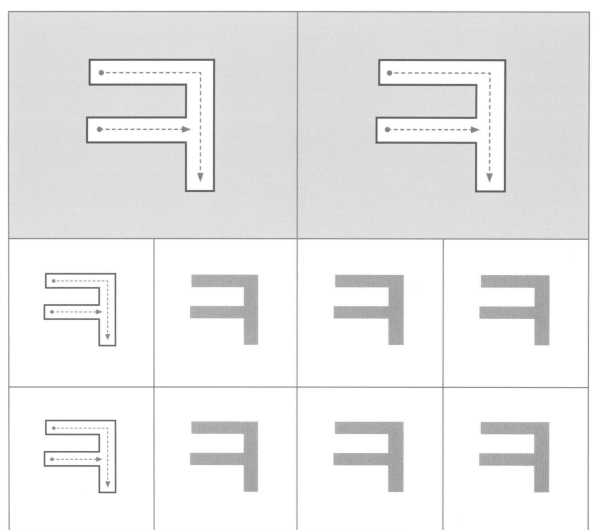

 자음 '티읕'을 따라 써 보세요.

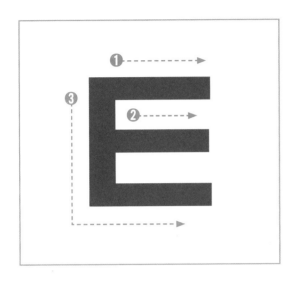

타조

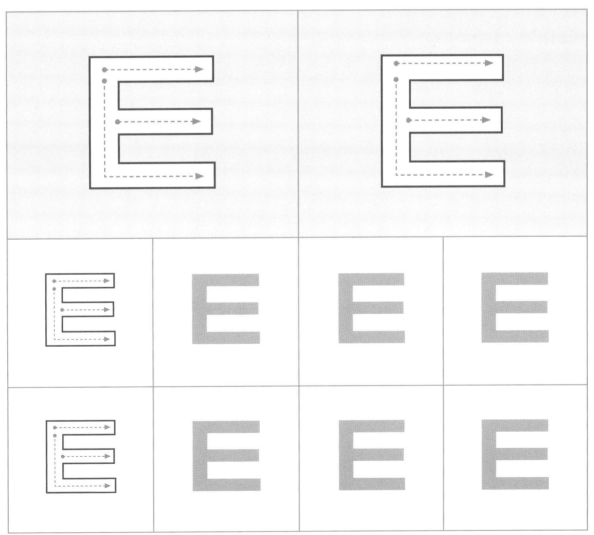

 자음 '피읖'을 따라 써 보세요.

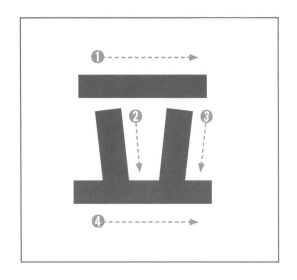

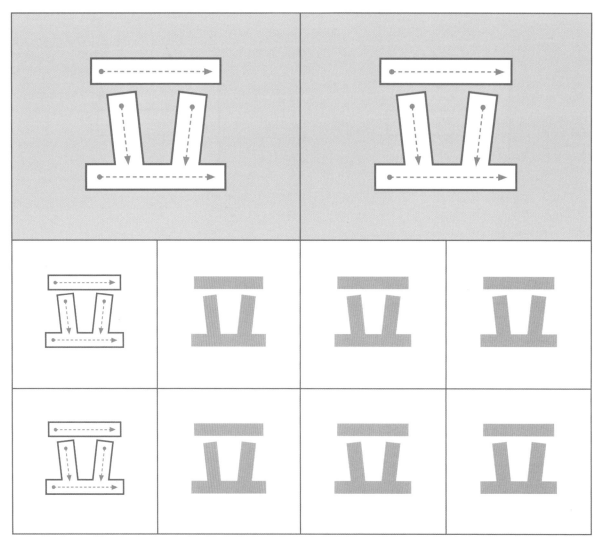

 자음 '히읗'을 따라 써 보세요.

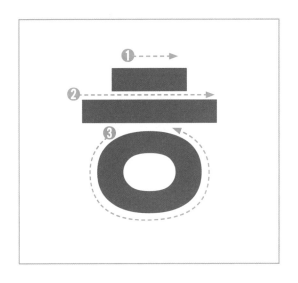

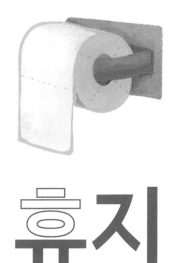

휴지

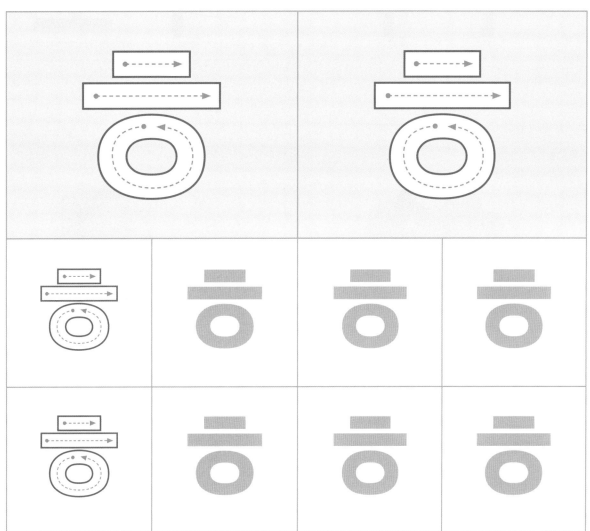

 다음 글자에서 비어 있는 자음을 색칠해 보세요.

지 구

타 조

포 도

휴 지

 그림 속에 숨어 있는 8개의 히읗(ㅎ)을 찾아보세요.

2장
쌍자음(겹자음) 익히기

2장에서는 두 개의 자음이 결합되어
만들어진 쌍자음(겹자음)을 만나게 됩니다.
ㄲ, ㄸ, ㅃ, ㅆ, ㅉ을
천천히 또박또박 따라 쓰며
공부해 보세요!

자음 '쌍기역'을 따라 써 보세요.

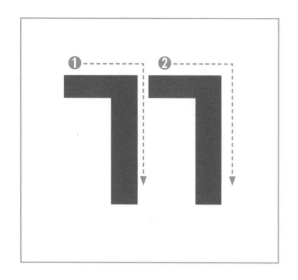

꽃밭

 자음 '쌍디귿'을 따라 써 보세요.

딸기

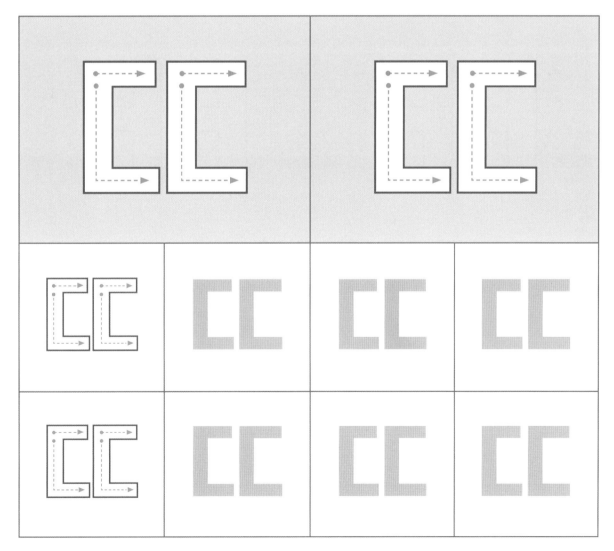

 자음 '쌍비읍'을 따라 써 보세요.

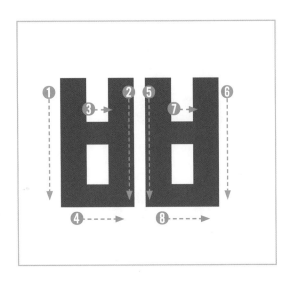

뿌리

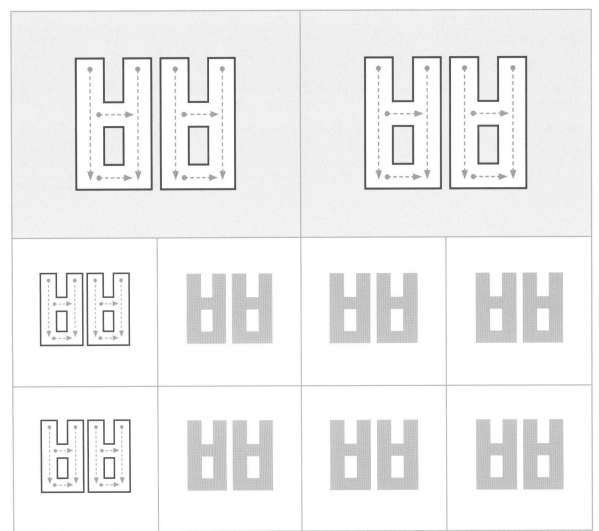

 자음 '쌍시옷'을 따라 써 보세요.

씻다

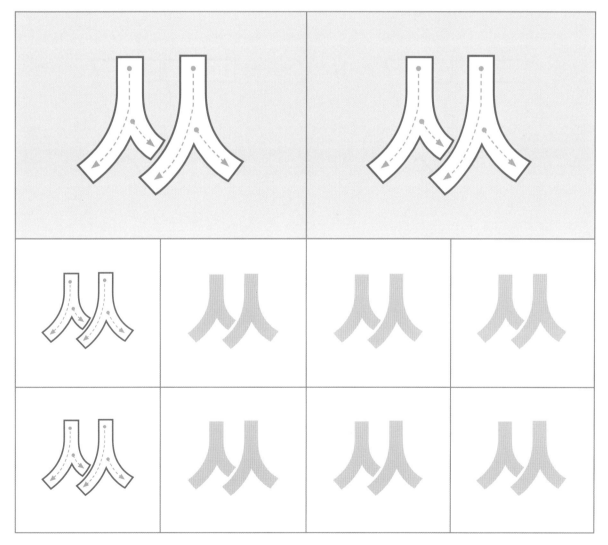

 자음 '쌍지읒'을 따라 써 보세요.

쯔개

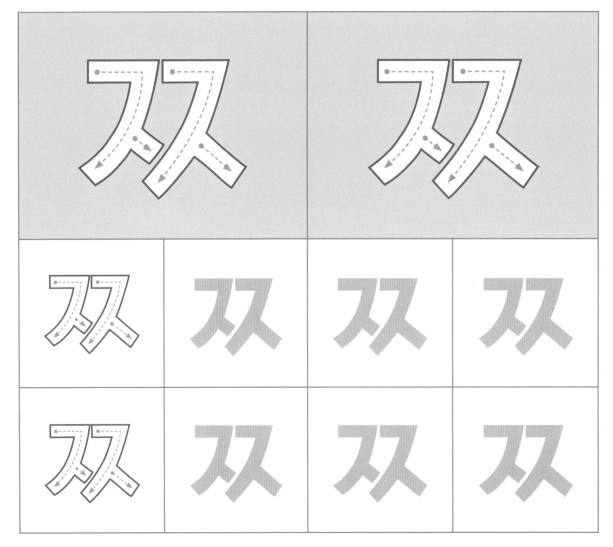

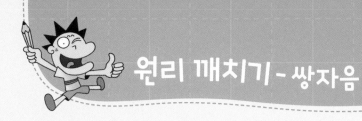

 자음 두 개가 만나 쌍자음이 되었어요.

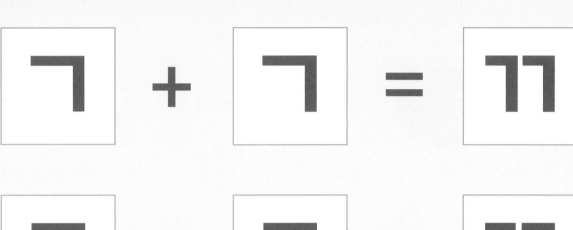

ㄱ + ㄱ = ㄲ

ㄷ + ㄷ = ㄸ

ㅂ + ㅂ = ㅃ

ㅅ + ㅅ = ㅆ

ㅈ + ㅈ = ㅉ

문제로 확인하기 - 빈칸 채우기

다음 빈칸에 들어갈 쌍자음을 쓰세요.

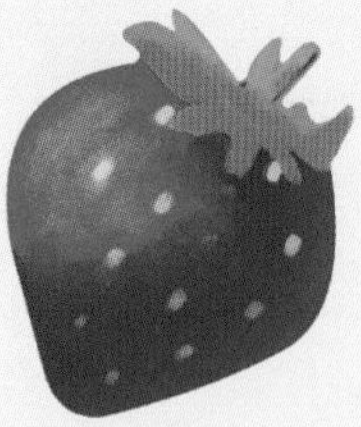

❶ 딸 기 → 딸 / 기 → ( ) ㅏ ㄹ / ㄱ ㅣ

❷ 토 끼 → 토 / 끼 → ㅌ ㅗ / ( ) ㅣ

정답: ① ㄸ ② ㄲ

 아래 그림에서 쌍자음이 들어간 음식을 찾아보세요.

짜장 쌀밥

계란

떡볶이

빵 딸기

3장
기본 모음 익히기

3장에서는 한글의 기본 모음인
ㅏ, ㅑ, ㅓ, ㅕ, ㅗ, ㅛ,
ㅜ, ㅠ, ㅡ, ㅣ를 만나게 됩니다.
천천히 또박또박 따라 쓰며
공부해 보세요!

 모음 '아'를 따라 써 보세요.

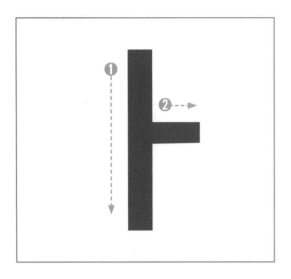

달님

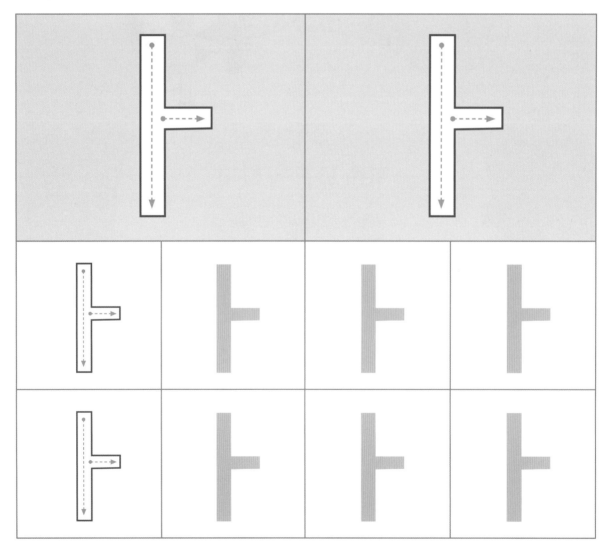

 모음 '야'를 따라 써 보세요.

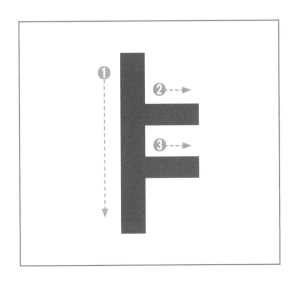

양

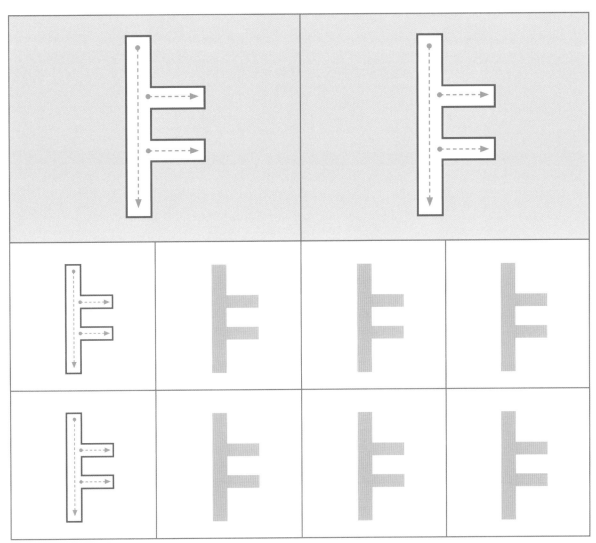

 모음 '어'를 따라 써 보세요.

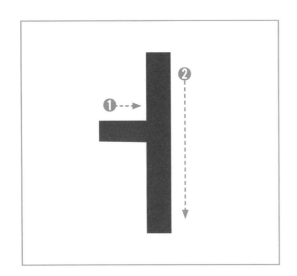

거북이

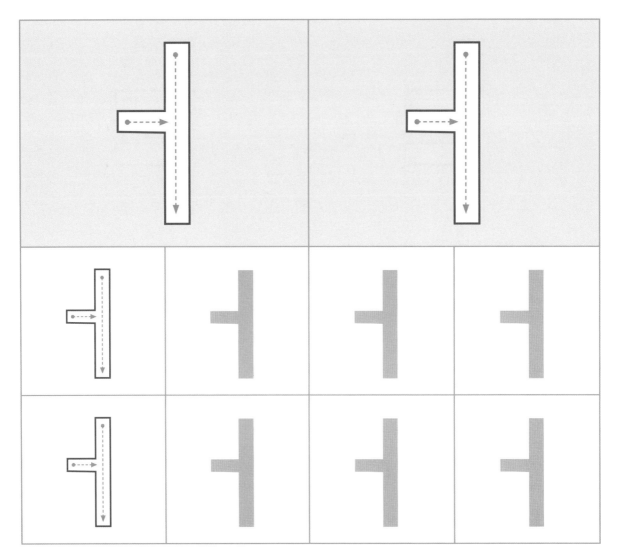

 모음 '여'를 따라 써 보세요.

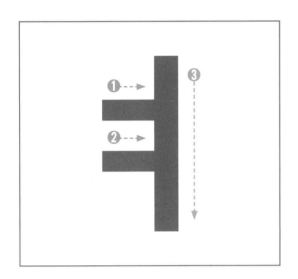

여우

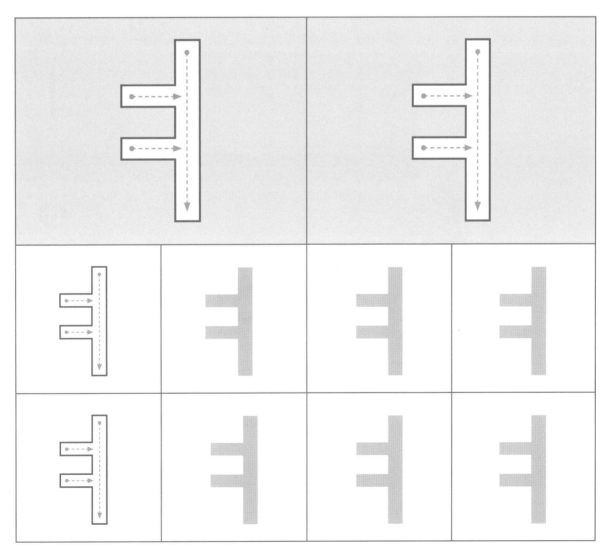

 다음 빈칸에 들어갈 모음을 쓰세요.

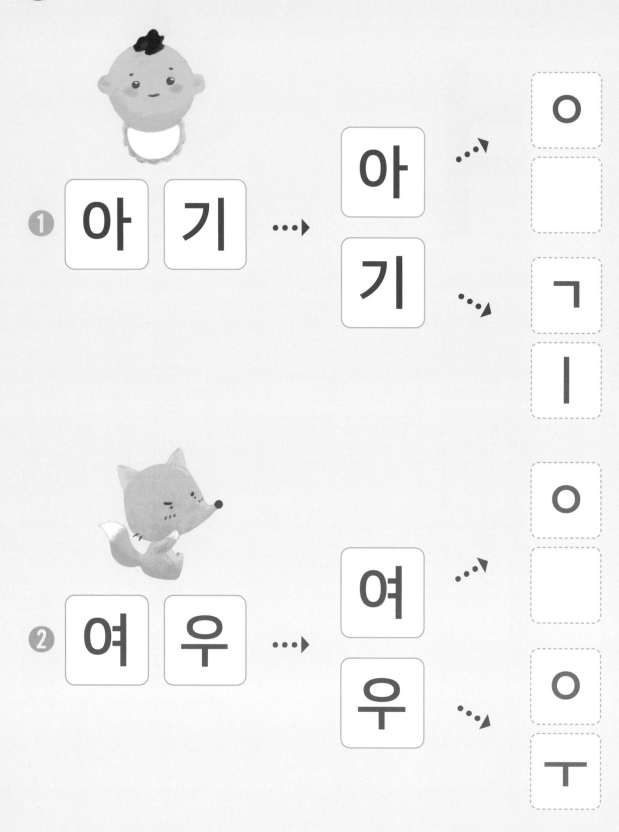

❶ 아 기 … 아 기 …

ㅇ
ㄱ ㅣ

❷ 여 우 … 여 우 …

ㅇ
ㅇ ㅜ

정답: ① ㅏ ② ㅑ

 아래 그림에서 모음 'ㅏ' 또는 'ㅓ'가 들어간 바다 친구들을 찾아보세요.

해파리

해마

상어

물고기

산호

바다거북

정답: 해파리, 해마, 상어, 산호, 바다거북

 모음 '오'를 따라 써 보세요.

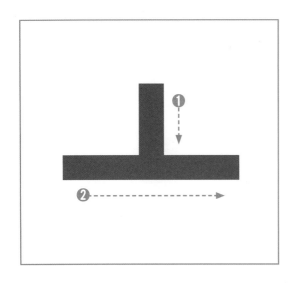

오리

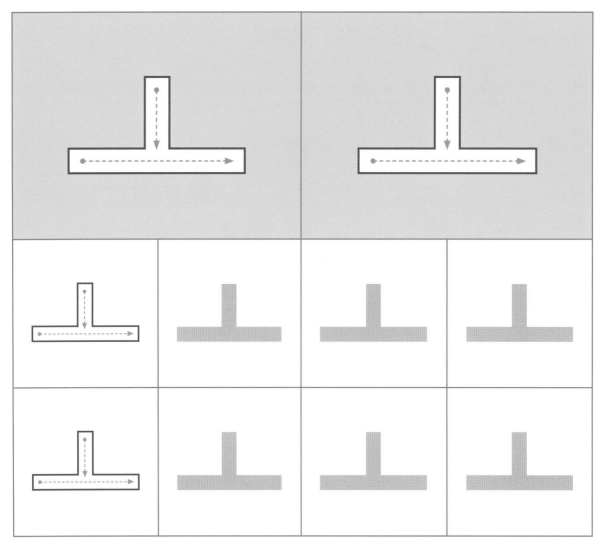

모음 바르게 쓰기　　　　　13일차

 모음 '요'를 따라 써 보세요.

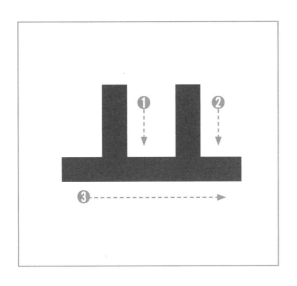

요리

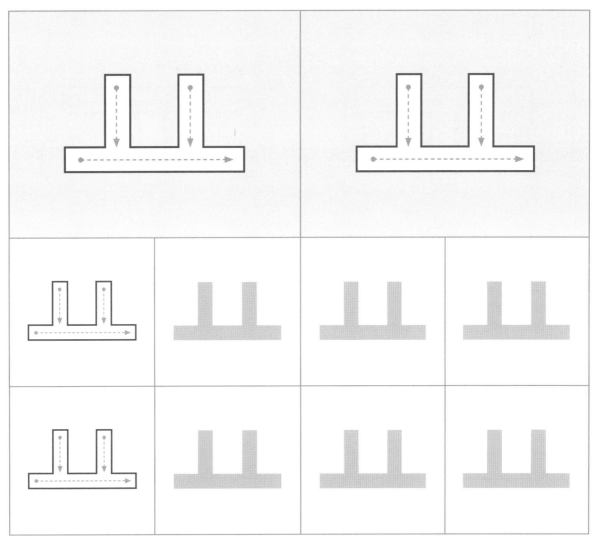

 모음 '우'를 따라 써 보세요.

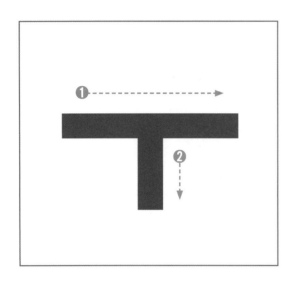

우산

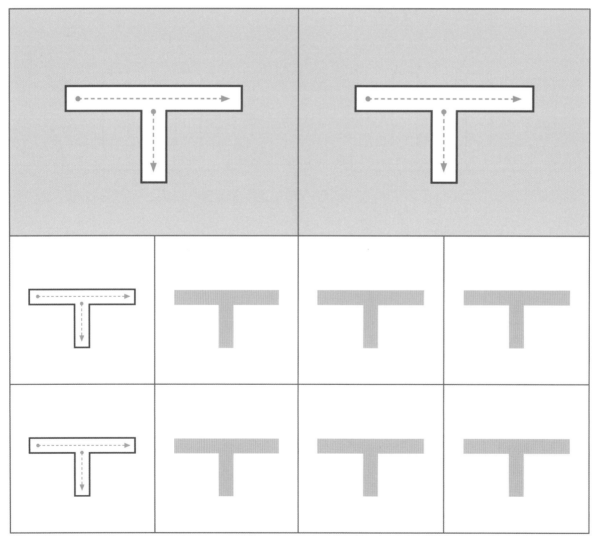

 모음 '유'를 따라 써 보세요.

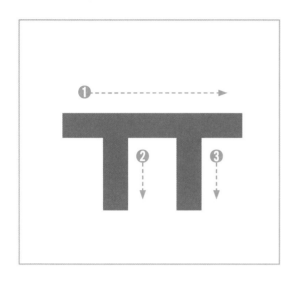

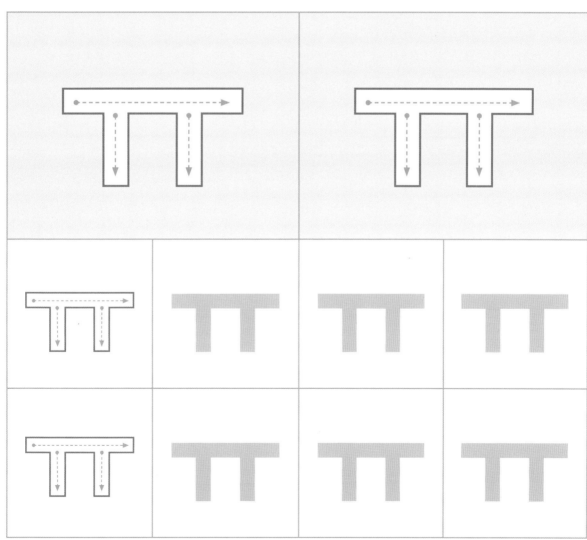

 모음 '으'를 따라 써 보세요.

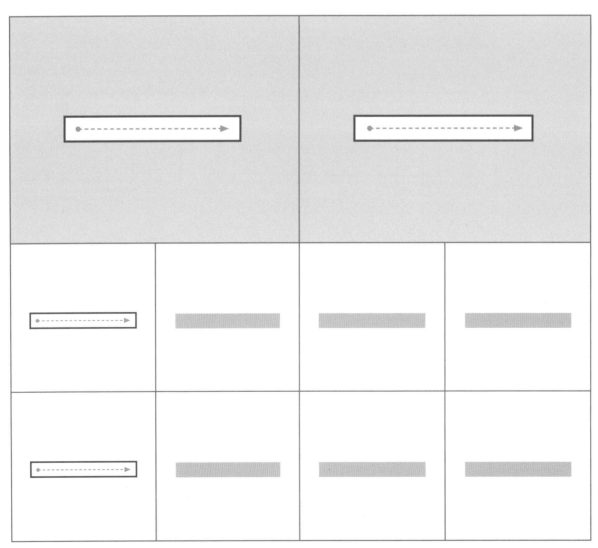

 모음 '이'를 따라 써 보세요.

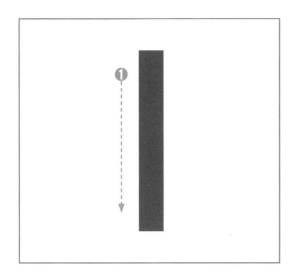

개미

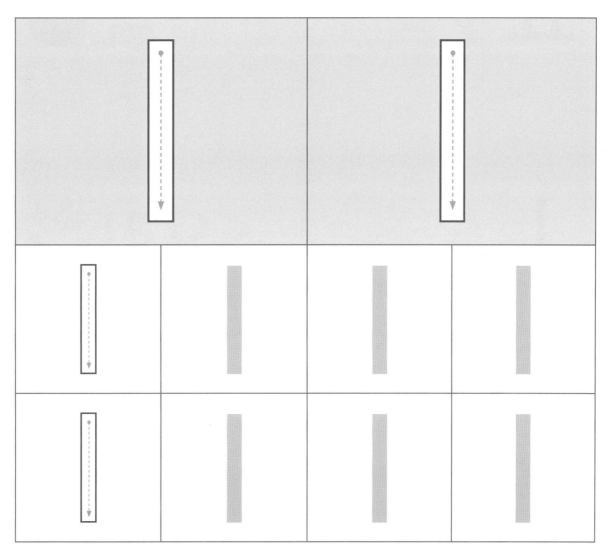

 왼쪽 모음으로 시작하는 단어를 오른쪽에서 찾아 선으로 이어 보세요.

 •

• 요리

ㅛ •

• 수박

ㅣ •

• 오리

ㅗ •

• 기차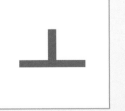

그림으로 익히기 - 무엇을 탈까?

 아래 그림에서 모음 'ㅣ'가 들어간 탈것들을 찾아보세요.

4장
복잡한 모음 익히기

4장에서는 두 개의 모음이 결합되어
만들어진 복잡한 모음을 만나게 됩니다.
ㅐ, ㅒ, ㅔ, ㅖ, ㅘ, ㅙ, ㅚ,
ㅝ, ㅞ, ㅟ, ㅢ를
천천히 또박또박 따라 쓰며
공부해 보세요!

 모음 '애'를 따라 써 보세요.

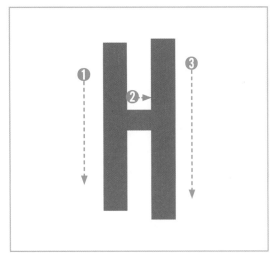

새

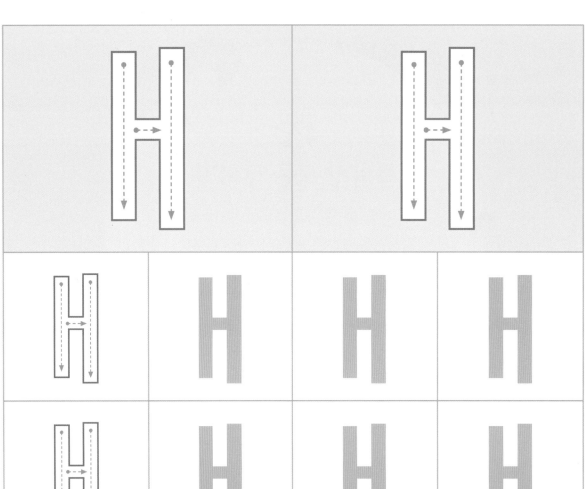

 모음 '애'를 따라 써 보세요.

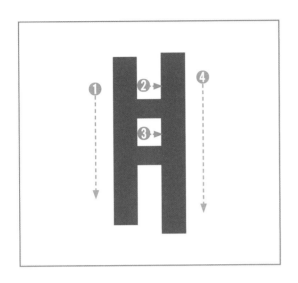

애들

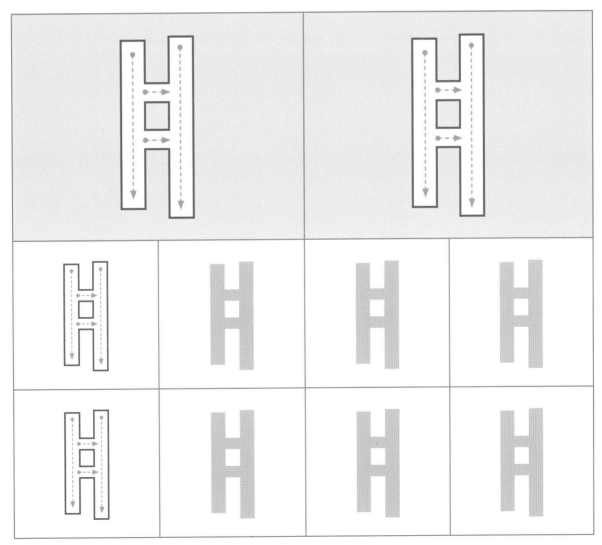

 모음 '에'를 따라 써 보세요.

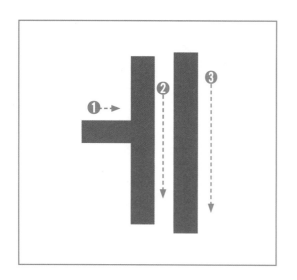

세수

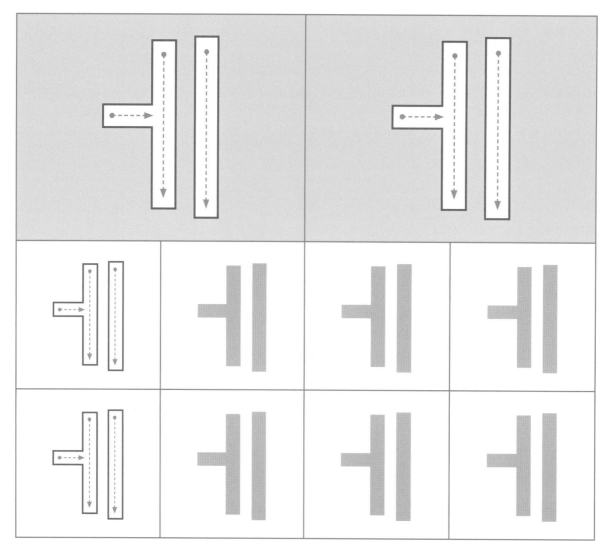

 모음 '예'를 따라 써 보세요.

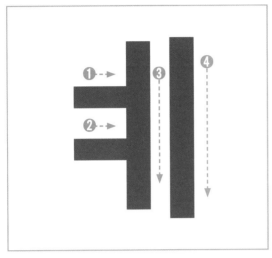

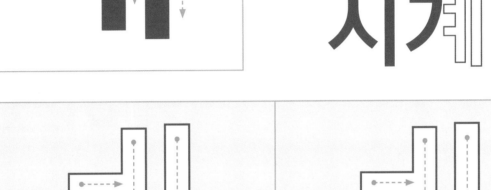

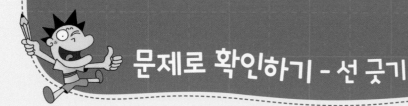
 왼쪽 모음으로 시작하는 단어를 오른쪽에서 찾아 선으로 이어 보세요.

| ㅐ | · | · | 배추  |

| ㅒ | · | · | 케이크  |

| ㅔ | · | · | 계란  |

| ㅖ | · | · | 애들  |

 아래 그림에서 모음 'ㅐ'가 들어가는 다양한 단어를 살펴보세요.

해 개구리 해바라기

배

앵두

애벌레

모래

여왕개미

뱀

 모음 '와'를 따라 써 보세요.

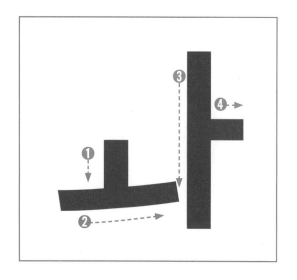

사과

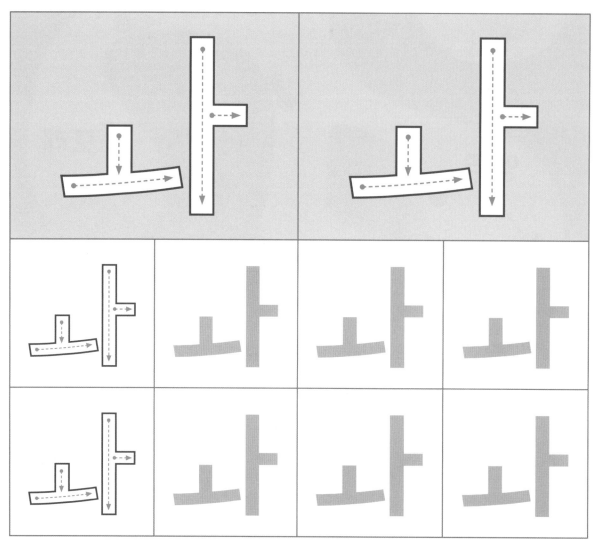

 모음 '왜'를 따라 써 보세요.

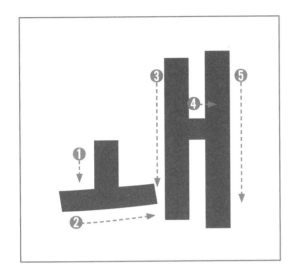

돼지

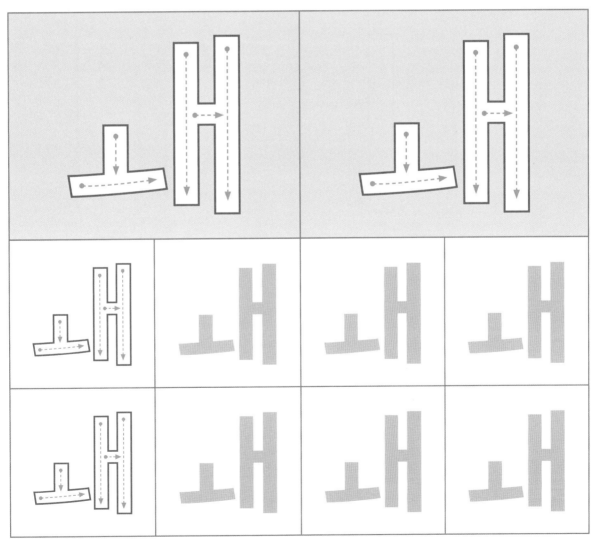

 모음 '외'를 따라 써 보세요.

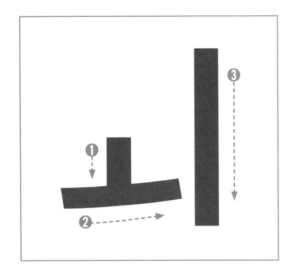

괴물

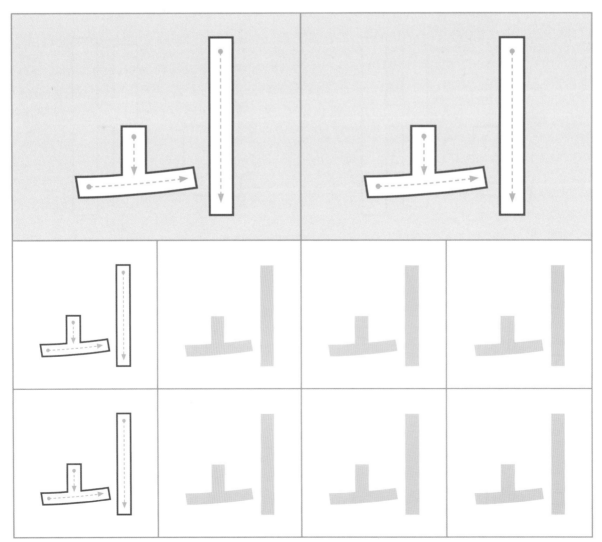

 모음 'ㅗ'가 또 다른 모음을 만나면 어떻게 변하는지 살펴보세요.

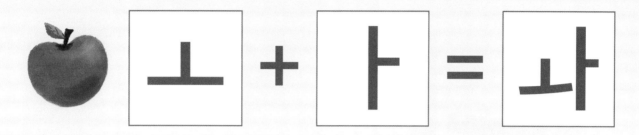

모음 'ㅗ'가 모음 'ㅏ'를 만나 모음 'ㅘ'로 변했어요.

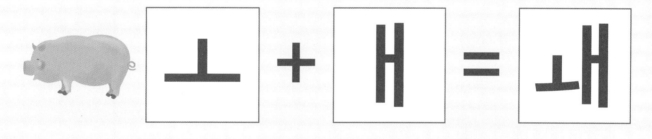

모음 'ㅗ'가 모음 'ㅐ'를 만나 모음 'ㅙ'로 변했어요.

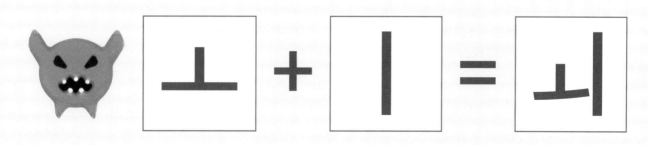

모음 'ㅗ'가 모음 'ㅣ'를 만나 모음 'ㅚ'로 변했어요.

 모음 '워'를 따라 써 보세요.

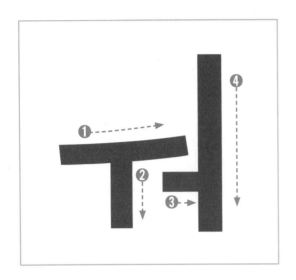

고마워

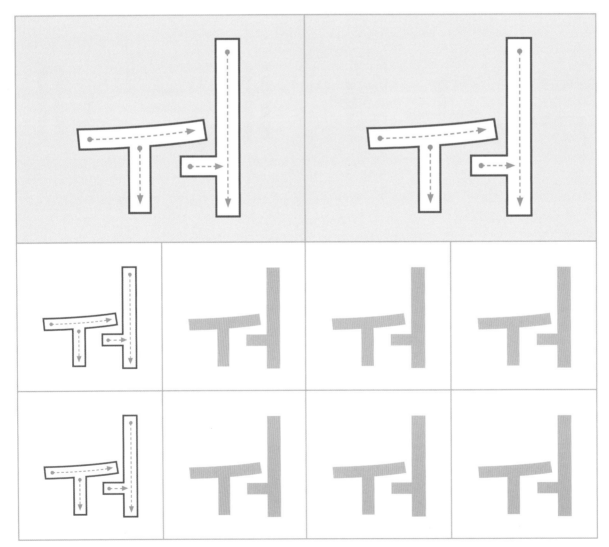

 모음 '웨'를 따라 써 보세요.

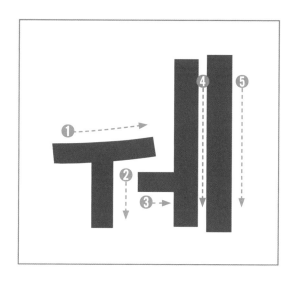

스웨터

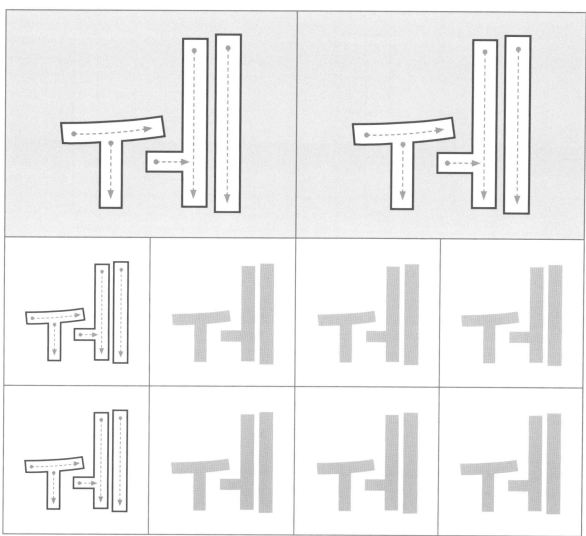

 모음 '위'를 따라 써 보세요.

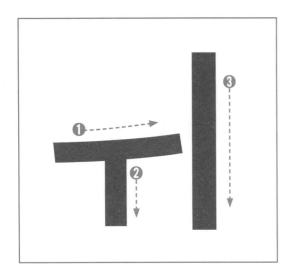

가위

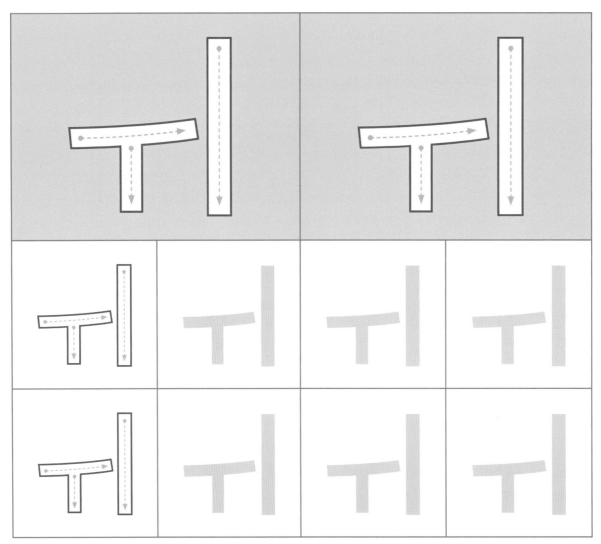

모음 바르게 쓰기

21일차

 모음 '의'를 따라 써 보세요.

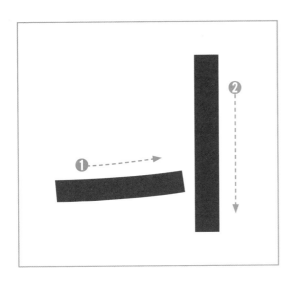

의자

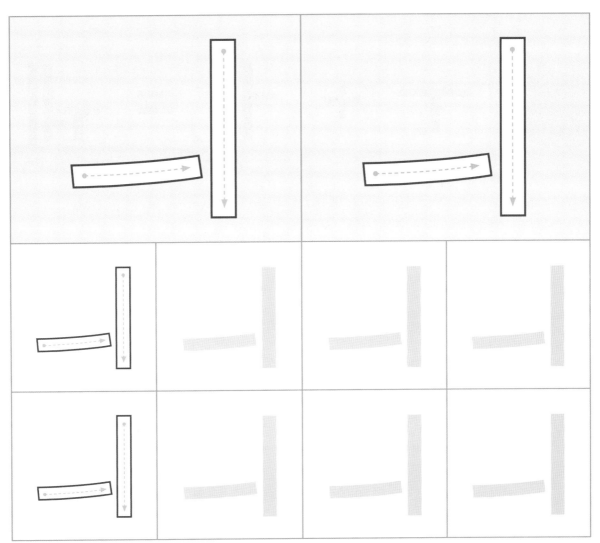

 모음 'ㅜ'가 또 다른 모음을 만나면 어떻게 변하는지 살펴보세요.

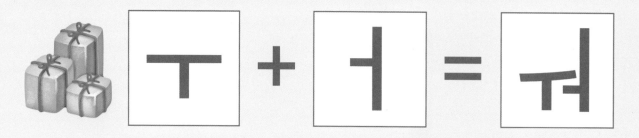

모음 'ㅜ'가 모음 'ㅓ'를 만나 모음 'ㅝ'로 변했어요.

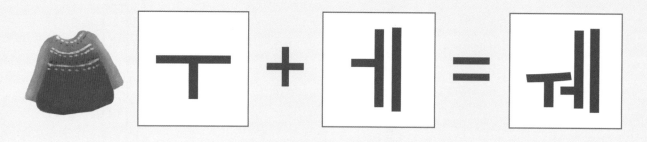

모음 'ㅜ'가 모음 'ㅔ'를 만나 모음 'ㅞ'로 변했어요.

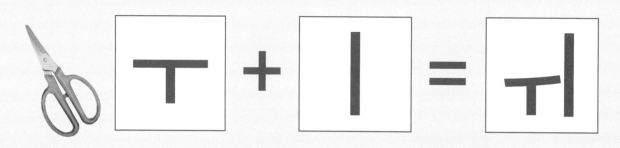

모음 'ㅜ'가 모음 'ㅣ'를 만나 모음 'ㅟ'로 변했어요.

 아래 그림에서 모음 'ㅝ', 'ㅔ', 'ㅟ', 'ㅢ'를 찾아보세요.

책

시계

원숭이

스웨터

의자   가위

5장
한글 연습장

여기까지 오느라 고생했어요!
마지막 5장에서는
그동안 배운 것들을
다시 한 번 복습합니다.
천천히 또박또박 따라 쓰며
연습해 보세요!

앞에서 배운 자음을 다시 한 번 연습해 보세요.

기역	니은	디귿	리을	미음
ㄱ	ㄴ	ㄷ	ㄹ	ㅁ

비읍	시옷	이응	지읒	치읓
ㅂ	ㅅ	ㅇ	ㅈ	ㅊ

 앞에서 배운 자음을 다시 한 번 연습해 보세요.

키읔	티읕	피읖	히읗
ㅋ	ㅌ	ㅍ	ㅎ

쌍기역	쌍디귿	쌍비읍	쌍시옷	쌍지읒
ㄲ	ㄸ	ㅃ	ㅆ	ㅉ

 앞에서 배운 모음을 다시 한 번 연습해 보세요.

아	야	어	여	오
ㅏ	ㅑ	ㅓ	ㅕ	ㅗ

요	우	유	으	이
ㅛ	ㅜ	ㅠ	ㅡ	ㅣ

모음 연습하기   23일차

 앞에서 배운 모음을 다시 한 번 연습해 보세요.

애	얘	에	예	와
ㅐ	ㅒ	ㅔ	ㅖ	ㅘ

왜	외	워	웨	위	의
ㅙ	ㅚ	ㅝ	ㅞ	ㅟ	ㅢ

자음과 모음 연습하기

24일차

앞에서 배운 자음을 다시 한 번 연습해 보세요.

ㄱ	ㄴ	ㄷ	ㄹ	ㅁ	ㅂ	ㅅ

ㅇ	ㅈ	ㅊ	ㅋ	ㅌ	ㅍ	ㅎ

ㄲ	ㄸ	ㅃ	ㅆ	ㅉ

초등 입학 전 미리 공부하는 또박또박 한글 떼기 1

자음과 모음 연습하기

 앞에서 배운 모음을 다시 한 번 연습해 보세요.

ㅏ	ㅑ	ㅓ	ㅕ	ㅗ	ㅛ	ㅜ

ㅠ	ㅡ	ㅣ	ㅐ	ㅒ	ㅔ	ㅖ

ㅘ	ㅙ	ㅚ	ㅝ	ㅞ	ㅟ	ㅢ

 다음 그림을 보고 빈칸에 공통으로 들어갈 글자를 쓰세요.

| 여 | |

| | 유 |

| | 산 |

| 주 | 선 |

그림으로 익히기 - 토끼 놀이터

 당근에 자음이 써 있으면 ○를, 모음이 써 있으면 △를 그려 보세요.

정답: 자음 - ㄱ, ㅉ, ㅂ / 모음 - ㅏ, ㅑ, ㅝ

문제로 확인하기 - 빈칸 채우기

 다음 그림을 보고 빈칸에 알맞은 글자를 쓰세요.

	과

	자

나	

지	
개	

그림으로 익히기 - 해바라기 동산

 해바라기에 자음이 써 있으면 ○를, 모음이 써 있으면 △를 그려 보세요.

정답: 자음 - ㅆ, ㄴ, ㄷ / 모음 - ㅗ, ㅠ, ㅐ

 배운 것을 자유롭게 연습해 보세요.

배운 것을 자유롭게 연습해 보세요.

배운 것을 자유롭게 연습해 보세요.

 배운 것을 자유롭게 연습해 보세요.

퍼플카우콘텐츠팀 | 재미있고 유익한 어린이 책을 기획하고 만드는 사람들입니다. 기획자, 전문작가, 편집자 등으로 구성되어 '보랏빛소 워크북 시리즈'를 비롯한 아동 교양 실용서를 만들고 있습니다.

이우일 | 어린 시절, 구석진 다락방에서 삼촌과 고모의 외국 잡지를 탐독하며 조용히 만화가의 꿈을 키워 오다 홍익대학교 시각디자인학과에 들어가 그 꿈을 맘껏 펼치기 시작합니다. 신선한 아이디어로 '도날드 닭', '노빈손' 등 재미있는 그림을 그려 사람들을 즐겁게 해주고 있습니다. 지은 책으로는 《우일우화》, 《옥수수빵파랑》, 《좋은 여행》, 《고양이 카프카의 고백》 등이 있습니다. 그림책 작가인 아내 선현경, 딸 은서, 고양이 카프카, 비비와 함께 그림을 그리고 글을 쓰며 살고 있습니다.

장희윤 | 이화여자대학교 사범대학 교육공학과와 국어국문학과를 졸업했고, 연세대학교 교육대학원에서 상담교육을 전공했습니다. 학생이 만드는 '경기꿈의학교―통학버스(통일 품은 학생 버스커)'의 꿈지기 교사이자, 전직 중학교 국어 교사로 10여 년간 사교육과 공교육을 넘나들며 많은 학생에게 국어 및 자기주도적 학습 전략을 지도하는 학습 코칭 크리에이터로 활동하고 있습니다. 네이버 오디오 클립 〈슬기로운 사춘기 생활〉을 운영하고 있으며, 지은 책으로는 《2016 더 배움 국어 검정고시》, 《사춘기 부모 수업》 등이 있습니다.

보랏빛소 워크북 시리즈

초등 입학 전 미리 공부하는

또박또박 한글 떼기 ①

초판 1쇄 발행 | 2021년 7월 15일

지은이 | 퍼플카우콘텐츠팀
그린이 | 이우일
감수자 | 장희윤
워크북 삽화 | 고수영

펴낸곳 | 보랏빛소
펴낸이 | 김철원

책임편집 | 김이슬
마케팅·홍보 | 이태훈
디자인 | 진선미

출판신고 | 2014년 11월 26일 제2015-000327호
주소 | 서울시 마포구 포은로 81-1 에스빌딩 201호
대표전화·팩시밀리 | 070-8668-8802 (F)02-323-8803
이메일 | boracow8800@gmail.com

ISBN 979-11-90867-26-9 (64700)
ISBN 979-11-90867-15-3 (세트)